READING JESUS LIGHT

6

리딩지저스 성경통독 라이트
6권 고린도전서-요한계시록

2025년 10월 21일 초판 1쇄 발행

펴낸곳 웨스트민스터프레스코리아
펴낸이 줄리어스 김
지은이 웨스트민스터프레스코리아 편집부

웨스트민스터프레스코리아

주소 서울시 강남구 테헤란로 33길 18, 628호
전화 02-2289-9081
이메일 readingjesus@wts.edu

ISBN 979-11-92860-15-2(04230)

READING JESUS

리딩지저스
성경통독
라이트

그리스도 중심 성경읽기

6
고린도전서-
요한계시록

LIGHT

WPK

서문

'성경을 처음부터 끝까지 읽는 것', 많은 그리스도인이 마음속에 품고 있는 소망이자 과제입니다. 많은 교회에서 새해가 시작될 때마다 성경읽기표를 나누고 "올해는 성경을 일독합시다"라는 목표를 세우지만 실제 완독률은 그리 높지 않습니다. 성경 통독은 단순한 결심이나 습관으로는 지속하기 어려운 여정이기 때문입니다. 바쁜 일상, 이해하기 어려운 본문, 흐름을 따라가기 힘든 구조 등 여러 이유로 성경 통독은 여전히 많은 이들에게 힘든 도전으로 남아 있습니다.

하지만《리딩지저스》출간 이후, 이 여정이 조금 달라졌습니다. 많은 교회와 성도들이 성경을 처음부터 끝까지 읽는 것이 가능할 뿐 아니라 교회 공동체가 함께할 때 더 큰 유익이 있음을 경험하고 있습니다. 그동안 어렵게만 느껴졌던 성경 일독이 가능해진 것입니다. 창세기부터 요한계시록까지 성경을 순서대로 따라가며, 하나님께서 성경을 주신 목적과 의미를 되새기고, 성경의 큰 그림 안에서 예수 그리스도를 바라보는 여정, 이것이 그리스도 중심 성경 읽기《리딩지저스》의 핵심입니다.

예수님은 말씀하셨습니다. "너희가 성경에서 영생을 얻는 줄 생각하고 성경을 연구하거니와 이 성경이 곧 내게 대하여 증언하는 것이니라"(요한복음 5:39). "모세를 믿었더라면 또 나를 믿었으리니 이는 그가 내게 대하여 기록하였음이니라"(요한복음 5:46). 또한 부활하신 후 엠마오로 가던 제자들에게, 모세와 선지자의 글 전체가 자신에 관한 것임을 자세히 설명하셨고(누가복음 24:27), 또 다른 제자들과 함께하셨을 때는 그들의 마음을 열어 모세의 율법과 선지자와 시편, 즉 구약 전체가 자신을 가리킨다는 사실을 깨닫게 하셨습니다(누가복음 24:44-45).

《리딩지저스》는 예수님께서 친히 가르쳐 주신 방식으로 성경을 읽도록 돕습니다. 구약성경의 중심 메시지가 예수 그리스도이심을 발견하고, 성경 전체에 흐르는 그분의 복음을 만나도록 안내합니다.

《리딩지저스 성경통독 라이트》는《리딩지저스》보다 더 쉽고 실용적인 통독 워크북을 바라는 요청을 반영해 만들어졌습니다. 주차별 영상, 통독 분량에 맞춘 오디오 바이블, 따라가기 쉬운 성경 읽기 안내, 소모임 나눔을 위한 장까지, 누구든《리딩지저스 성경통독 라이트》와 함께 부담 없이 성경 통독을 시작하고 끝까지 함께 갈 수 있도록 구성했습니다. 그래서 성경 통독을 처음 시작하거나, 공동체와 함께 처음 말씀을 읽어 가려는 이들을 위해 쉽고 실용적으로 구성했습니다. 그러나 그리스도 중심 설교를 준비하는 목회자나 교회의 중직자, 평신도 리더들이라면, 이번 책보다 더 심화된 내용을 담고 있는《리딩지저스》를 함께 참고하시기를 권합니다. 성경 각 권에 담긴 복음의 메시지를 더 깊이 있게 다루며, 설교와 교육, 제자훈련 등의 실제 사역에 유익한 통찰을 제공합니다.

《리딩지저스 성경통독 라이트》와 함께 그리스도 중심으로 성경을 읽는다는 것은 단순한 지식이나 느낌을 넘어 예수님께 우리의 시선을 고정하는 경험입니다. 그분만이 우리 삶을 진정으로 변화시키신다는 복음의 능력을 날마다 새롭게 다시 입는 여정입니다. 그리고 이 여정은 혼자 걸을 때보다 교회가 함께할 때 더욱 풍성해집니다.《리딩지저스 성경통독 라이트》와 함께 주님의 말씀을 따라가는 이 길을 여러분이 같이 걸으면 좋겠습니다.

《리딩지저스》 소개

《리딩지저스》는 예수 그리스도 중심으로 성경 전체를 읽도록 안내하는 성경읽기 프로그램입니다. 미국 웨스트민스터 신학교의 성경신학 강의를 기반으로 독자적으로 개발된 이 프로그램은 교회와 성도들이 성경의 큰 흐름을 따라가며 바른 신학적 틀 안에서 복음을 발견하고 삶에 적용할 수 있도록 안내합니다. 다양한 자료들을 활용하여 온 교회가 함께 성경을 1년에 일독할 수 있도록 돕습니다.

성경을 처음부터 끝까지, 순서대로

《리딩지저스》는 창세기부터 요한계시록까지 성경 전체를 순서대로 읽도록 안내합니다. 복잡한 해설 없이 본문의 핵심을 간결하게 안내하며 매일 정해진 범위를 읽어 나가도록 구성되어 있습니다. 각 권마다 제공되는 성경 수업 일러스트 영상으로, 성경의 큰 흐름을 이해하고 신뢰할 수 있는 신학적 틀 안에서 말씀을 읽을 수 있도록 도와줍니다.

예수님 중심으로, 예배하는 마음으로

《리딩지저스》는 성경이 하나님의 감동으로 기록된 말씀이라는 신앙고백 위에 세워져 있습니다. 성경 전체를 통해 예수 그리스도의 복음을 발견하도록 인도하며, 그 복음의 능력은 우리를 하나님께 영광을 돌리도록 이끕니다. 이때 성경읽기는 단순한 독서가 아니라 하나님을 영화롭게 하는 예배가 됩니다. 말씀을 통해 예수님을 더 깊이 알고, 그분을 더욱 사랑하게 됩니다.

하루 30분, 보고 듣고 읽고

《리딩지저스》는 통독을 위한 다양한 자료를 제공합니다. 각 주의 성경 흐름을 정리한 영상뿐만 아니라, 본문 분량에 맞춘 오디오 성경을 함께 활용하면 하루 30분 안에 말씀을 보고, 듣고, 읽는 것이 가능해집니다. 모든 자료를 교재 안의 QR코드를 통해 쉽게 접근할 수 있어 누구나 부담 없이 시작할 수 있고, 꾸준히 지속할 수 있습니다.

온 교회를 위한 성경읽기

《리딩지저스》는 개인, 소모임, 전교인 공동체 모두가 사용할 수 있도록 구성되어 있습니다. 실제로 많은 교회에서 주일 설교와 연계한 전교인 성경 통독, 소그룹 양육, 제자훈련 교재로 활용하고 있으며, 말씀 중심의 교회를 세우는 데 유익한 도구로 사용하고 있습니다.

《리딩지저스》는 다음과 같이 여섯 권으로 나뉘어 있으며, 총 45주 안에 성경 전체를 일독할 수 있도록 구성되어 있습니다.

그리스도 중심으로 창세기부터 요한계시록까지

1권 창세기-여호수아(7주)

2권 사사기-에스더(8주)

3권 욥기-아가(7주)

4권 이사야-말라기(9주)

5권 마태복음-로마서(7주)

6권 고린도전서-요한계시록(7주)

《리딩지저스》는 성경 통독을 시작할 수 있도록 돕는 단순하지만 깊이 있는 도구입니다. 예수님과 동행하는 그리스도 중심 성경읽기를 제안합니다.

이 책의 활용법

1. 성경읽기를 한눈에

14쪽에 있는 **성경읽기 일정표**를 열어 보세요. 《리딩지저스 성경통독 라이트》 6권을 따라서 "고린도전서-요한계시록"을 7주간 통독하는 전체 과정을 볼 수 있습니다. 시작이 반이라는 말이 있죠. 여기서 마음을 다잡고 시작하는 거예요. 차근차근 따라가다 보면 45주간 창세기부터 요한계시록까지 1년에 일독하는 과정을 마칠 수 있습니다.

2. 영상으로 시작

각 장 맨 앞에는 **리딩지저스 영상**이 있습니다. 이번 주에 읽을 성경의 줄거리와 신학 주제를 알려 주고, 그리스도 중심이라는 큰 그림 안에서 성경을 이해하도록 돕습니다. 휴대폰으로 QR 코드를 찍으면 바로 영상으로 연결할 수 있어요.

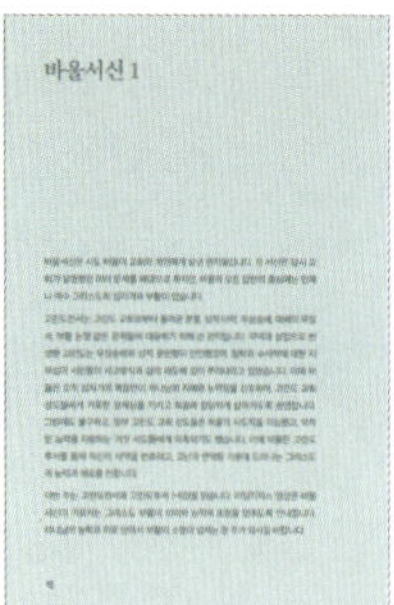

3. 이번 주 성경 개관

자, 이제 시작입니다. 한 주간 읽을 성경의 **전체 구조와 흐름**을 한눈에 볼 수 있어요. 성경 내용이 다소 길게 느껴질 때도 여기서 준비운동만 잘하면 길을 잃지 않고 완주할 수 있어요.

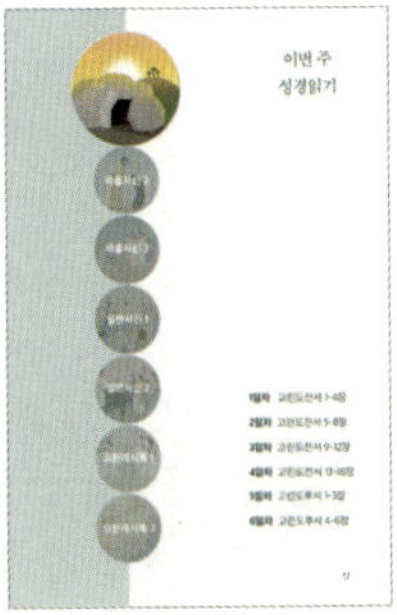

4. 통독 과정 확인

통독하다 보면 어디쯤 읽고 있는지, 얼마나 읽어야 하는지를 잊고 무작정 읽을 때가 많습니다. **이번 주 성경읽기**는 성경 전체 내용 중 어디쯤 읽고 있는지도 알려 주고, 이번 주에 통독할 구간이 어디인지도 자세히 알려 줍니다.

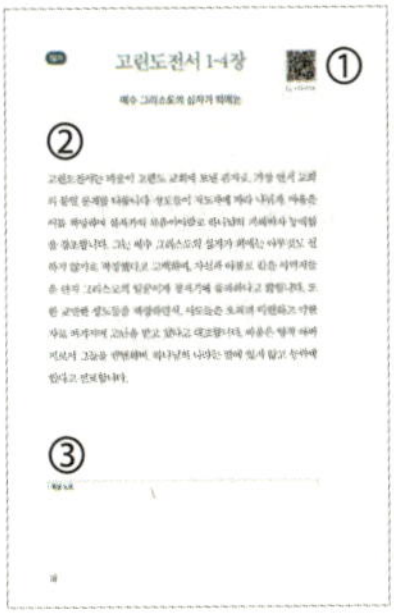

5. 하루에 한 쪽씩

① 통독 본문 읽기/듣기
오늘의 성경 본문을 읽습니다. QR 코드를 찍으면 오디오 바이블로 연결됩니다.

② 통독 본문 요약
오늘의 본문을 이해할 수 있도록 돕는 내용입니다. 먼저 읽고 통독하셔도 좋고, 통독한 다음에 정리하는 용도로 보셔도 좋습니다.

③ 묵상 노트
자신만의 묵상을 이곳에 적어봅니다. 기억에 남은 말씀이나 기도도 물론 괜찮습니다.

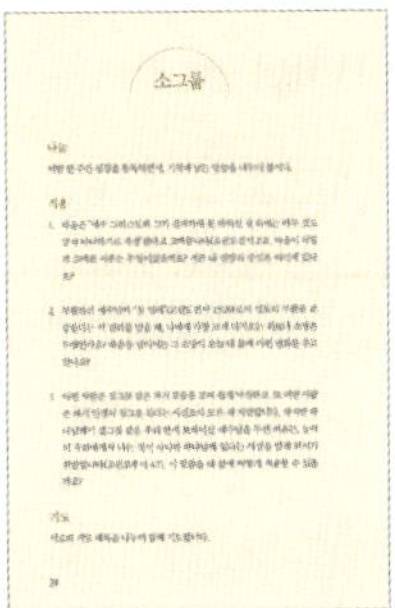

6. 함께 모여서 나눔

소그룹으로 모여서 한 주간 읽은 성경을 놓고 함께 이야기 나누면 더욱 좋습니다. 자신이 묵상한 내용이나 기억에 남았던 성경 구절을 꺼내 놓아도 괜찮고, 적용 질문에 답하며 서로를 응원하고 격려해도 좋습니다.

리딩지저스를 더 깊이 만나는 방법

리딩지저스 웹사이트 readingjesus.net

리딩지저스와 관련한 다양한 자료와 리딩지저스를 활용하는 교회들의 실제 사례를 확인하실 수 있습니다.

리딩지저스 유튜브 채널

리딩지저스 영상, 리딩지저스 오디오 바이블, 그 외 다양한 리딩지저스 활용 콘텐츠와 소식을 영상으로 만날 수 있습니다.

리딩지저스 컨퍼런스

그리스도 중심 성경읽기의 중요성을 확인하고 말씀으로 교회가 하나 되는 구체적인 사례와 방법론을 현장에서 생생하게 제시합니다.

리딩지저스 인도자 세미나

그리스도 중심 성경읽기의 중요성에 공감하여 리딩지저스를 각 교회에서 활용하기를 원하는 목회자들을 구체적이고 실제적인 방법으로 돕습니다.

목차

성경읽기 일정표 고린도전서-요한계시록

	교재	1일차	2일차	3일차	4일차	5일차	6일차
1주	바울서신 1	고전 1-4	고전 5-8	고전 9-12	고전 13-16	고후 1-3	고후 4-6
2주	바울서신 2	고후 7-9	고후 10-13	갈 1-6	엡 1-3	엡 4-6	빌 1-4
3주	바울서신 3	골 1-4	살전 1-5	살후 1-3	딤전 1-6	딤후 1-4	딛 -몬
4주	일반서신 1	히 1-3	히 4-6	히 7-9	히 10-13	약 1-3	약 4-5
5주	일반서신 2	벧전 1-5	벧후 1-3	요일 1-3	요일 4-5	요이 -요삼	유
6주	요한계시록 1	계 1	계 2-3	계 4-5	계 6-7	계 8-9	계 10-11
7주	요한계시록 2	계 12-13	계 14-15	계 16-17	계 18-19	계 20-21	계 22

PAULINE EPISTLES 1

바울서신 1

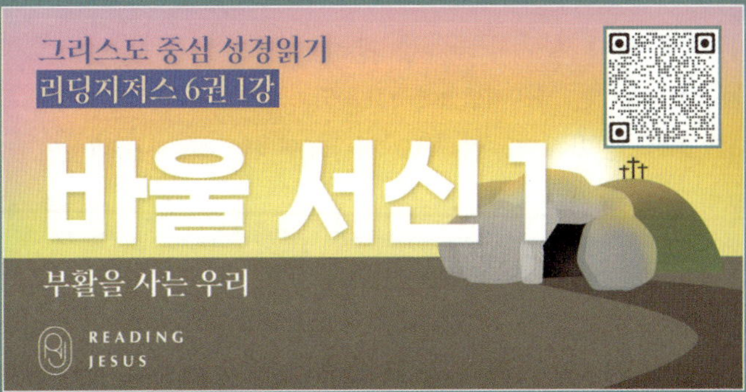

QR 코드를 찍으면 '바울서신 1' 리딩지저스 영상으로 바로 연결됩니다

바울서신 1

바울서신은 사도 바울이 교회와 개인에게 보낸 편지들입니다. 각 서신은 당시 교회가 당면했던 여러 문제를 배경으로 하지만, 바울의 모든 답변의 중심에는 언제나 예수 그리스도의 십자가와 부활이 있습니다.

고린도전서는 고린도 교회로부터 들려온 분열, 성적 타락, 우상숭배, 예배의 무질서, 부활 논쟁 같은 문제들에 대응하기 위해 쓴 편지입니다. 무역과 상업으로 번성한 고린도는 우상숭배와 성적 문란함이 만연했으며, 철학과 수사학에 대한 자부심이 시민들의 사고방식과 삶의 태도에 깊이 뿌리내리고 있었습니다. 이에 바울은 오직 십자가의 복음만이 하나님의 지혜와 능력임을 선포하며, 고린도 교회 성도들에게 거룩한 정체성을 지키고 복음에 합당하게 살아가도록 권면합니다. 그럼에도 불구하고, 일부 고린도 교회 성도들은 바울의 사도직을 의심했고, 외적인 능력을 자랑하는 거짓 사도들에게 미혹되기도 했습니다. 이에 바울은 고린도후서를 통해 자신의 사역을 변호하고, 고난과 연약함 가운데 드러나는 그리스도의 능력과 위로를 전합니다.

이번 주는 고린도전서와 고린도후서 1-6장을 읽습니다. 리딩지저스 영상은 바울서신이 가르치는 그리스도 부활의 의미와 능력에 초점을 맞추도록 안내합니다. 하나님의 능력과 위로 안에서 부활의 소망이 넘치는 한 주가 되시길 바랍니다.

이번 주 성경읽기

1일차 고린도전서 1-4장

2일차 고린도전서 5-8장

3일차 고린도전서 9-12장

4일차 고린도전서 13-16장

5일차 고린도후서 1-3장

6일차 고린도후서 4-6장

1일차

고린도전서 1-4장

오디오 바이블

예수 그리스도의 십자가 외에는

고린도전서는 바울이 고린도 교회에 보낸 편지로, 가장 먼저 교회의 분열 문제를 다룹니다. 성도들이 지도자에 따라 나뉘자, 바울은 이를 책망하며 십자가의 복음이야말로 하나님의 지혜이자 능력임을 강조합니다. 그는 예수 그리스도의 십자가 외에는 아무것도 전하지 않기로 작정했다고 고백하며, 자신과 아볼로 같은 사역자들은 단지 그리스도의 일꾼이자 청지기에 불과하다고 밝힙니다. 또한 교만한 성도들을 책망하면서, 사도들은 오히려 미련하고 약한 자로 여겨지며 고난을 받고 있다고 대조합니다. 바울은 영적 아버지로서 그들을 권면하며, 하나님의 나라는 말에 있지 않고 능력에 있다고 선포합니다.

묵상 노트

2일차

고린도전서 5-8장

오디오 바이블

성도의 몸은 성전

바울은 고린도 교회 안에서 일어난 음행의 문제를 지적하며, 이를 묵인한 교회를 책망합니다. 그는 교회가 묵은 누룩 같은 죄를 내버려두지 말고 제거함으로써 거룩함을 지켜야 한다고 강조합니다. 이어서 성도의 몸은 성령께서 거하시는 하나님의 성전임을 가르치며, 이에 합당한 삶을 살아야 한다고 일깨웁니다. 또한 그는 결혼과 독신에 관한 교훈을 전하면서, 각 사람은 자신이 받은 부르심을 따라 하나님 앞에서 신실하게 살아야 한다고 권면합니다. 아울러 우상에게 바친 제물을 둘러싼 문제에 대해서는 다양한 상황을 들어 설명하며, 믿음 안에서 자유가 있다고 해도 믿음이 연약한 형제들이 실족하지 않도록 절제하고 주의하라고 당부합니다.

묵상 노트

3일차

고린도전서 9-12장

오디오 바이블

하나님의 영광과 교회의 유익을 위해

바울은 자신에게 사도의 권리가 있지만 복음을 위해 그 권리를 사용하지 않았고, 오히려 더 많은 사람을 얻기 위해 종처럼 섬기며 절제하며 살았다고 말합니다. 이스라엘이 출애굽한 후 불평하다 우상숭배에 빠진 역사를 교훈으로 제시하고, 또 자기 유익이 아닌 남의 유익을 구하도록 권면합니다. 무엇을 하든지 하나님의 영광을 위해 살아야 한다는 사실도 강조합니다. 또한 예배 안에서의 남녀 간 질서와 교회 내 분쟁을 언급하고, 성만찬의 참된 의미도 가르칩니다. 또한 성령께서 교회에 다양한 은사를 주신 목적은 분열이 아니라 그리스도의 몸 된 교회를 세우고 서로를 돌보게 하려는 데 있다고 강조합니다.

묵상 노트

4일차

고린도전서 13-16장

오디오 바이블

그리스도의 부활, 성도의 부활

여러 은사를 자랑하며 갈라져 다투는 고린도 교회를 향해, 바울은 사랑이 가장 큰 은사라고 강조합니다. 그는 은사가 하나님께서 교회의 덕을 세우기 위해 주신 것이므로, 반드시 공동체의 유익을 위해 사용되어야 한다고 말합니다. 이어서 예수 그리스도의 부활이 복음의 핵심이라고 가르치며, 첫 열매가 나머지의 수확을 보장하듯, 그리스도의 부활이 성도의 부활을 보증한다고 설명합니다. 또 바울은 마지막 날에 성도들이 썩지 않을 몸으로 변화되어, 죄와 사망을 이긴 예수님의 승리에 참여하게 될 것이라고 선포합니다. 편지를 마무리하며 바울은 예루살렘 교회를 위한 연보를 요청하고, 성도들을 축복합니다.

묵상 노트

5일차

고린도후서 1-3장

오디오 바이블

새 언약의 일꾼

바울은 고린도후서의 첫머리에서 하나님을 환난 중에도 능히 위로하시는 분이라고 선포합니다. 그는 아시아에서 극심한 고난을 겪었지만, 그 일을 통해 자신을 의지하지 않고 오직 죽은 자를 다시 살리시는 하나님만 의지하게 되었다고 고백합니다. 바울은 고린도 방문 계획이 여러 차례 바뀐 이유를 설명하며, 이전에 보낸 편지가 성도들을 향한 사랑에서 비롯된 것임을 밝힙니다. 그는 회개한 사람의 소식을 듣고 기뻐하며, 교회가 그를 용서하고 위로하여 함께 공동체를 세워 가라고 권면합니다. 이어 고린도 교회 성도들이야말로 자신들의 사역을 증명하는 '편지'와 같다고 말하며, 자신과 동역자들은 성령을 통해 생명을 전하는 새 언약의 일꾼이라고 소개합니다.

묵상 노트

6일차

고린도후서 4-6장

오디오 바이블

질그릇에 담긴 보배

바울은 자신이 새 언약의 직분을 맡았기에 낙심하지 않고 담대히 복음을 전한다고 말합니다. 바울은 자신과 그리스도를 따르는 자들을 보배를 담은 질그릇에 비유하며, 이 큰 능력이 자신들에게서 난 것이 아니라 하나님에게서 왔다고 밝힙니다. 사방에서 환난을 당해도 무너지지 않는 이유는, 그 안에 예수의 생명이 있기 때문이며, 육신의 장막이 무너질지라도 하늘에 영원한 집이 예비되어 있음을 바울은 확신합니다. 그리스도의 사랑이 자신을 강권하므로 이제는 자신을 위해 살지 않고 주를 위해 산다고 말하며, 그는 성도들이 그리스도 안에서 새로운 피조물이 되었다고 선포합니다. 바울은 그 은혜를 헛되이 여기지 말고 세상과 구별된 거룩한 삶을 살아가야 한다고 권면합니다.

묵상 노트

소그룹

나눔

이번 한 주간 성경을 통독하면서, 기억에 남는 말씀을 나누어 봅시다.

적용

1. 바울은 "예수 그리스도와 그가 십자가에 못 박히신 것 외에는 아무것도 알지 아니하기로 작정"했다고 고백합니다(고린도전서 2:2). 바울이 이렇게 고백한 이유는 무엇이었을까요? 지금 내 신앙의 중심은 어디에 있나요?

2. 부활하신 예수님이 "첫 열매"(고린도전서 15:20)로서 성도의 부활을 보증한다는 이 진리를 믿을 때, 나에게 가장 크게 다가오는 위로나 소망은 무엇인가요? 죽음을 넘어서는 그 소망이 오늘 내 삶에 어떤 변화를 주고 있나요?

3. 어떤 사람은 질그릇 같은 자기 모습을 보며 쉽게 낙심하고, 또 어떤 사람은 인생이 질그릇 같다는 사실조차 모른 채 자만합니다. 하지만 하나님께서 질그릇 같은 우리 안에 보배이신 예수님을 두신 이유는, 능력이 우리에게서 나는 것이 아니라 하나님께 있다는 사실을 알게 하시기 위함입니다(고린도후서 4:7). 이 말씀을 내 삶에 어떻게 적용할 수 있을까요?

기도

서로의 기도 제목을 나누며 함께 기도합니다.

PAULINE EPISTLES 2

바울서신 2

그리스도 중심 성경읽기
리딩지저스 6권 2강

바울 서신 2

은혜로 사는 삶

READING
JESUS

QR 코드를 찍으면 '바울서신 2' 리딩지저스 영상으로 바로 연결됩니다

바울서신 2

대부분의 바울서신에는 공통된 흐름이 있습니다. 먼저 하나님께서 예수 그리스도를 통해 이루신 구원의 은혜를 선포하고, 이어서 그 은혜를 받은 성도가 어떻게 살아야 하는지를 권면하는 구조입니다.

갈라디아서는 전반부에서 율법으로부터의 자유와 은혜의 절대성을 선포하고, 후반부에서는 그 자유가 방종이 아니라 성령 안에서 사랑과 섬김으로 나타나야 한다고 강조합니다. 에베소서는 전반부에서 하나님의 선택과 구속, 복음의 은혜, 성도의 정체성을 선언하고, 후반부에서는 교회 안에서 성도의 연합, 거룩한 삶, 가정과 사회에서의 역할을 다룹니다. 빌립보서는 짧은 편지이나 그 안에서도 복음의 은혜와 성도의 삶을 긴밀하게 연결하며, 복음에 합당한 삶을 살아갈 것을 강조합니다.

이번 주는 고린도후서 7-13장, 갈라디아서, 에베소서, 빌립보서를 읽습니다. 리딩지저스 영상에서는 바울서신의 이중 구조와 에베소서의 메시지에 조금 더 집중합니다. 우리를 은혜로 구원하신 하나님의 은혜를 깊이 묵상하며, 그 은혜 안에서 말씀에 순종하는 삶을 살아가기로 결단하는 시간이 되기를 바랍니다.

이번 주 성경읽기

1일차 고린도후서 7-9장

2일차 고린도후서 10-13장

3일차 갈라디아서 1-6장

4일차 에베소서 1-3장

5일차 에베소서 4-6장

6일차 빌립보서 1-4장

1일차

고린도후서 7-9장

오디오 바이블

가난한 자를 부요하게 하시는 그리스도

고린도 교회는 바울의 이전 편지를 받고 근심했지만, 그 근심은 결국 회개로 이어집니다. 바울은 디도를 통해 그 소식을 전해 듣고 크게 기뻐하며 위로를 받았다고 고백합니다. 그는 마게도냐 교회가 극심한 가난 속에서도 자원하여 예루살렘 교회의 가난한 성도들을 위해 풍성한 연보를 했다고 전하며, 고린도 교회 역시 그 은혜에 동참하라고 권면합니다. 바울은 그리스도께서 본래 부요하셨지만 우리를 위해 가난하게 되셨음을 상기시키며, 성도들도 그 본을 따라 사랑으로 서로를 돕는 것이 마땅하다고 강조합니다. 그는 이 연보가 단순히 부족함을 채우는 데서 그치지 않고, 하나님께 감사와 영광을 돌리게 하는 영적 열매라고 설명합니다.

묵상 노트

2일차

고린도후서 10-13장

오디오 바이블

약할 때 강하게 하시는 그리스도의 능력

바울은 자신의 사도직을 의심하거나 비난하는 이들에 맞서 강하게 변호합니다. 그는 자신이 비록 예수님의 공생애 기간을 함께하지는 않았지만, 다메섹으로 가는 길에서 부활하신 주님을 만나 부르심을 받은 참된 사도임을 강조합니다. 또한 스스로를 높이며 다른 복음을 전하는 거짓 사도들을 경계하라고 강하게 경고합니다. 바울은 수많은 고난 가운데 사역하며 하나님께 환상과 계시도 받았던 자랑할 것이 많은 사도였지만, 오히려 자신의 약함을 자랑하겠다고 고백합니다. 이는 그리스도의 능력이 우리의 약함 가운데 나타나며, 우리가 약할 때 그분의 능력이 우리의 강함이 되기 때문입니다. 그는 마지막으로 고린도 교회가 믿음 안에 굳게 서기를 권면하며, 사랑과 평강의 축복으로 편지를 맺습니다.

묵상 노트

3일차

갈라디아서 1-6장

오디오 바이블

하나님의 아들을 믿는 믿음 안에서

갈라디아서는 갈라디아 지방의 여러 교회에 보낸 바울의 편지입니다. 당시 그 지역에는 이방인이라 할지라도 예수님을 믿은 후에는 반드시 할례를 받고 모세의 율법을 지켜야 한다고 주장하는 사람들이 있었습니다. 바울은 이러한 거짓 가르침에 흔들린 성도들을 책망하며, 사람이 의롭게 되는 것은 오직 예수 그리스도를 믿는 믿음으로만 가능하다고 선언합니다. 그는 율법의 목적이 성도를 그리스도께로 인도하는 데 있으며, 그리스도 안에서는 유대인이나 헬라인 모두가 하나라고 선포합니다. 이어서 성도들에게 육체의 일을 따르지 말고, 성령을 따라 살면서 성령의 열매를 맺으라고 권면합니다. 마지막으로 바울은 할례가 아니라 오직 그리스도의 십자가만을 자랑한다고 선포하며 편지를 마무리합니다.

묵상 노트

4일차

에베소서 1-3장

오디오 바이블

그리스도 안에서 하나 된 교회

에베소서는 바울이 로마 감옥에서 에베소 교회 성도들을 향해 쓴 편지입니다. 그는 먼저, 창세 전부터 우리를 그리스도 안에서 택하시고 하늘에 속한 모든 신령한 복을 주신 하나님을 찬양합니다. 이어서 이방인이었던 에베소 성도들 또한 그리스도 안에서 함께 하늘에 속한 자가 되었으며, 십자가로 말미암아 유대인과 이방인이 하나 되어 화평을 이루고 하나님의 성전이 되었다고 선포합니다. 바울은 이 같은 연합이 하나님의 놀라운 신비이며, 교회가 하늘과 땅의 모든 권세자들에게 하나님의 지혜를 드러내는 도구라고 설명합니다. 그는 에베소 성도들이 그리스도의 사랑의 풍성함을 더 깊이 깨닫게 되기를 간절히 기도합니다.

묵상 노트

5일차

에베소서 4-6장

오디오 바이블

옛 사람을 벗고, 새 사람을 입고

이제 바울은 앞서 선포한 복음과 은혜를 바탕으로 성도가 마땅히 살아야 할 삶에 대해 가르칩니다. 성령께서 이미 성도들을 하나 되게 하셨으므로, 성도들은 각자 받은 은사로 교회를 섬기며 연합을 힘써 지켜야 한다고 권면합니다. 그러기 위해서는 옛 사람을 벗고 새 사람을 입어야 하며, 하나님을 본받는 자로서 살아야 합니다. 그 거룩한 삶은 개인의 말과 행동은 물론이고, 가정과 일터에서의 관계에 이르기까지 삶의 모든 영역에서 드러나야 합니다. 바울은 마지막으로 교회가 직면한 영적 현실을 설명합니다. 성도의 싸움은 혈과 육을 상대하는 것이 아니라 악한 영들과의 싸움이므로, 하나님의 전신 갑주를 입고, 기도와 간구로 성령 안에서 깨어 있으라고 당부합니다.

묵상 노트

6일차

빌립보서 1-4장

오디오 바이블

하늘에 시민권이 있는 사람답게

빌립보 교회는 루디아와 감옥 간수의 회심을 통해 시작된 마게도냐 지방의 교회로, 바울이 여러 차례 물질과 기도로 후원해 온 공동체입니다. 빌립보서는 바울이 로마 감옥에서 빌립보 교회에 보낸 편지로, 그는 성도들에게 기쁨과 감사를 전하며, 자신이 갇힌 일이 오히려 복음이 더욱 널리 전파되는 계기가 되었다고 말합니다. 바울은 성도들에게 그리스도의 겸손과 십자가의 순종을 본받아 성령 안에서 '세상의 빛'으로 살아갈 것을 권면하고, 율법이 아닌 오직 그리스도를 믿는 믿음으로 의롭게 된다는 복음의 정수를 선포합니다. 그는 성도들에게 그리스도를 아는 지식을 최고의 가치로 여기고, 하늘 시민권을 가진 사람답게 살아갈 것을 당부합니다. 마지막으로 그는 항상 기뻐하고 염려하지 말며, 모든 일을 기도와 간구로 하나님께 아뢰어 그분의 평강을 누리고, 어떤 상황에서도 자족하며 살라고 격려합니다.

묵상 노트

소그룹

나눔

이번 한 주간 성경을 통독하면서, 기억에 남는 말씀을 나누어 봅시다.

적용

1. 바울은 율법이 아니라 그리스도를 믿는 믿음으로 의롭게 된다고 선포합니다. 나는 여전히 나의 행위나 성취로 하나님 앞에 서려고 하지는 않나요? 나는 은혜와 행위 중에 무엇을 진정으로 의지하고 있나요?

2. 하나님은 먼저 우리를 그리스도 안에서 구원하시고 자녀로 삼으신 뒤, 우리가 그 정체성에 걸맞게 살기를 바라십니다. 만약 이 순서가 바뀌어 의롭게 살아야만 하나님의 자녀로 인정받는다면, 내 삶과 신앙은 지금과 어떤 차이가 있을까요? 하나님께서 먼저 우리를 자녀 삼으셨다는 사실이 어떻게 은혜로 다가오나요?

3. 하나님은 구원받은 성도들이 교회를 이루어 한 몸으로 함께 자라 가도록 하셨습니다. 지금 내가 속한 공동체 안에서 복음을 위해 힘쓰고 있는 일은 무엇인가요? 나는 어떤 모습으로 이 공동체를 함께 섬기고 있나요?

기도

서로의 기도 제목을 나누며 함께 기도합니다.

PAULINE EPISTLES 3

바울서신 3

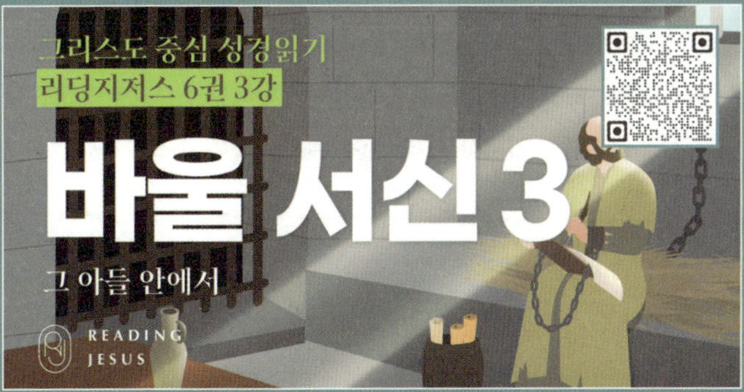

QR 코드를 찍으면 '바울서신 3' 리딩지저스 영상으로 바로 연결됩니다

바울서신 3

바울서신 전체에 반복해서 등장하는 표현 중 하나가 바로 "그리스도 안에서"입니다. 이는 성도의 정체성을 드러내는 표현으로, 성도가 예수님과 연합된 존재임을 가리킵니다. 바울은 이 연합을 머리와 몸, 건물과 모퉁잇돌, '그리스도로 옷 입다', 신랑과 신부 같은 다양한 은유로 묘사합니다.

바울은 이러한 연합의 기초 위에서 '이미, 그러나 아직'이라는 종말의 관점을 가르칩니다. 예수님의 십자가와 부활로 '이미' 새 시대가 시작되었지만, '아직' 완전히 도래하지는 않았습니다. 그리스도께서는 '이미' 죄와 사망을 이기시고 하나님 우편에 앉으셨으나, 우리는 '아직' 죄악과 불의와 싸우며 살아가고 있습니다. 성도는 '이미' 주어진 부활 생명을 누리면서도, '아직' 이루어지지 않은 영광의 완성을 소망하며 살아갑니다.

이번 주는 골로새서부터 빌레몬서까지 읽습니다. 골로새서는 예수님의 절대적 우월성과 교회의 머리 되심을 선포하고, 데살로니가전후서는 부활과 재림의 소망을 굳게 붙들도록 격려합니다. 디모데전후서와 디도서는 교회의 일꾼을 세우는 덕목과 경건의 삶을 가르치고, 빌레몬서에서는 오네시모의 사건을 통해 복음이 가져오는 화해의 능력을 보여 줍니다.

이 서신들이 당시 교회뿐 아니라 오늘날 교회와 우리 각자에게 주어진 하나님 말씀임을 기억하며, 그리스도 안에서 우리에게 주어진 정체성과 소망을 되새기는 한 주가 되기를 바랍니다.

이번 주 성경읽기

1일차 골로새서 1-4장

2일차 데살로니가전서 1-5장

3일차 데살로니가후서 1-3장

4일차 디모데전서 1-6장

5일차 디모데후서 1-4장

6일차 디도서, 빌레몬서

1일차

골로새서 1-4장

오디오 바이블

예수 그리스도만으로 충분하다

골로새서는 거짓 교사들의 영향으로 흔들리는 골로새 교회에 바울이 보낸 서신입니다. 그는 헬라 철학, 유대 율법주의, 천사 숭배 같은 왜곡된 가르침을 반박하며, 성도들을 어둠에서 건져 내신 하나님의 은혜를 상기시킵니다. 바울은 창조주이자 구속자이신 그리스도께서 모든 것 위에 계시며, 그분만으로 충분하다는 사실을 강조합니다. 그리고 성도들이 이미 그리스도의 부활에 참여했음을 선포하며, 땅의 것이 아니라 위의 것을 찾으며 살아야 한다고 가르칩니다. 또한 그는 그리스도와 연합한 새 사람으로서 옛 사람의 행실을 벗어 버리고, 가정과 사회 속에서 그리스도를 경외하며, 또 서로가 서로를 섬기라고 가르칩니다. 마지막으로 기도에 힘쓰며 외인들에게는 지혜롭게 행하고, 모든 말에는 항상 은혜를 담으라고 당부합니다.

묵상 노트

2일차

데살로니가전서 1-5장

오디오 바이블

재림을 기다리는 성도의 삶

데살로니가 교회는 세워진 지 얼마 지나지 않아 큰 환난과 핍박을 견뎌야 했습니다. 바울은 성도들을 염려해 아덴에서 디모데를 보냈고, 그들의 믿음이 여전히 굳건하다는 소식을 듣고 큰 기쁨과 위로를 받습니다. 그러나 일부 성도들은 환난 가운데 낙심했고, 이미 죽은 성도들이 부활에 참여하지 못할까 봐 두려워하는 이들도 있었습니다. 또 어떤 이들은 종말을 지나치게 의식한 나머지 게으른 생활에 빠지기도 했습니다. 이에 바울은 죽은 자들의 부활과 예수님의 재림에 대해 가르치며, 주의 날이 도둑같이 임할 것이니 깨어 있으면서 믿음과 사랑으로 살아가라고 권면합니다. 또한 그는 성도들에게 항상 기뻐하고, 쉬지 말고 기도하며, 범사에 감사하며 살 것을 당부합니다.

묵상 노트

3일차

데살로니가후서 1-3장

오디오 바이블

재림에 대한 바른 가르침

데살로니가후서는 첫 서신 이후에도 여전히 남아 있던 재림에 대한 오해와 잘못된 가르침을 바로잡기 위해 바울이 쓴 편지입니다. 데살로니가 교회는 박해 가운데서도 믿음과 사랑이 자랐지만, 예수님이 이미 재림하셨다는 주장이나 다시 오시지 않는다는 가르침으로 인해 혼란스러웠습니다. 그 결과 일부 성도들은 일하기를 거부하고 무질서하게 살기도 했습니다. 바울은 성도들에게 현재의 고난은 일시적인 것이며 그리스도께서 다시 오실 때 하나님의 공의로운 심판이 임한다고 상기시킵니다. 또한 재림 전에 반드시 "배교"와 "불법의 사람"이 먼저 나타날 것이라고 밝히며, 성도들은 사도들에게 받은 가르침을 굳게 지켜야 한다고 당부합니다. 바울은 마지막으로, 성도들이 재림과 부활의 소망을 붙들되 게으르거나 낙심하지 말며, 선을 행하는 일에 힘쓰라고 권면합니다.

묵상 노트

4일차

디모데전서 1-6장

오디오 바이블

교회 지도자를 위한 조언

디모데전서는 바울이 에베소에서 사역하는 영적 아들 디모데에게 보낸 편지입니다. 당시 교회 안에는 율법에 관한 논쟁이 있었고, 거짓 교사들의 잘못된 가르침도 퍼지고 있었으며, 예배 질서나 지도자의 자격과 관련된 실질적 문제들도 나타나고 있었습니다. 바울은 이 편지를 통해 그리스도의 복음에 기초한 목회 지침을 전하며, 참된 복음은 믿음과 행위를 분리하지 않고 성도의 삶에 거룩한 열매를 맺게 한다고 가르칩니다. 그는 가정과 교회의 질서, 예배에 임하는 바른 태도, 직분자의 자격 기준 등에 대해 가르치고, 교회 안에서 연령과 신분에 따라 서로를 어떻게 대우해야 하는지도 구체적으로 설명합니다. 마지막으로 바울은 디모데에게 돈을 사랑하지 않도록 경계시키고, 믿음의 선한 싸움을 싸울 것을 권면합니다.

묵상 노트

5일차

디모데후서 1-4장

오디오 바이블

선한 싸움을 마치고 남기는 마지막 권면

디모데후서는 바울이 순교를 앞두고 믿음의 아들 디모데에게 남긴 유언과도 같은 편지입니다. 그는 자신의 사역과 삶을 본보기로 제시하며, 디모데에게 어떤 어려움 속에서도 복음을 부끄러워하지 말고 충성된 병사처럼 인내하며 사명을 감당하라고 당부합니다. 또한 바울은 모든 성경이 하나님의 감동으로 기록된 것임을 강조하며, 거짓 교훈에 단호히 맞서 진리를 지키라고 말합니다. 마지막으로 그는 자신의 삶을 돌아보며 선한 싸움을 싸우고 믿음을 지켰다고 고백하고, 의의 면류관이 자신뿐 아니라 주의 나타나심을 사모하는 모든 이들을 위해 예비되어 있다고 선포합니다. 끝으로 여러 동역자들에게 인사를 전하며, 주께서 자신을 천국으로 인도하시고 온전히 구원하실 것을 확신합니다.

묵상 노트

6일차

디도서, 빌레몬서

오디오 바이블

진리 위의 교회, 복음 안의 화해

디도서는 바울이 동역자 디도에게 보낸 편지로, 그레데 교회에 바른 지도자를 세우고, 할례파의 거짓 가르침을 경계하며, 목회자가 지녀야 할 덕목과 성도의 삶에 대해 구체적으로 가르칩니다. 바울은 이를 통해 믿음과 삶은 반드시 연결되어야 하며, 건강한 교회는 올바른 말씀과 경건한 지도자, 변화된 삶 위에 세워져야 한다는 중요한 원리를 강조합니다. 빌레몬서는 골로새 교회의 리더인 빌레몬에게 바울이 보낸 개인적이면서도 공개적인 편지입니다. 도망친 종 오네시모가 복음을 통해 변화된 후, 바울에 의해 다시 빌레몬에게로 돌아가게 됩니다. 바울은 빌레몬에게 오네시모를 용서하고 더는 종이 아닌 사랑하는 형제로 받아들이라고 권면하며, 복음 안에서 이루어지는 참된 화해와 형제 됨이 무엇인지를 가르칩니다.

묵상 노트

소그룹

나눔

이번 한 주간 성경을 통독하면서, 기억에 남는 말씀을 나누어 봅시다.

적용

1. 바울은 우리가 "그리스도 안에서" 그와 연합된 존재라고 말하며, 그리스도와 함께 죽고 함께 살아났다고 선포합니다(골로새서 2:12-13). 나는 지금까지 예수님을 어떤 분으로 생각하며 믿어 왔나요? 예수님과 내가 결코 분리될 수 없는 연합된 존재라는 사실을 나는 진심으로 믿고 있나요?

2. 바울은 환난 가운데 있는 성도들에게 지금의 고난은 잠시일 뿐이며 주께서 다시 오실 때 하나님의 공의로운 심판이 임한다고 말합니다. 이러한 사실이 현재 내가 겪고 있는 고난 가운데 어떤 소망을 가져다주나요?

3. 바울은 디모데에게 돈과 세상의 유혹을 따르지 말고, 경건의 삶을 추구하라고 권면합니다. 이번 주에 나는 경건한 삶을 위해 어떤 것을 내려놓아야 할까요? 내가 지금 붙들고 있는 것 중에 하나님보다 더 의지하고 있는 것은 무엇인가요?

기도

서로의 기도 제목을 나누며 함께 기도합니다.

GENERAL EPISTLES 1

일반서신 1

QR 코드를 찍으면 '일반서신 1' 리딩지저스 영상으로 바로 연결됩니다

일반서신 1

신약성경에는 바울이 기록하지 않은 서신들도 있습니다. 이 편지들은 '일반서신'이라 불리며, 특정 개인이나 교회가 아니라 더 넓은 성도 공동체를 향해 쓰였다는 점이 특징입니다.

히브리서의 저자는 명확히 알려져 있지 않지만, 디모데를 알고 있었고(13:23), 예수님을 직접 목격한 인물은 아니었습니다(2:3). "히브리인들에게"라는 제목과 구약성경의 풍부한 인용 등을 고려할 때, 이 서신의 수신자는 유대인 성도들과 유대교 배경을 지닌 이방 성도들로 보입니다. 히브리서는 예수님이 천사보다, 모세보다, 아론 계열의 제사장보다 더 크신 분이시며, 멜기세덱의 반차를 따라 세워진 영원한 대제사장이라고 선포합니다. 예수님은 자신을 드리는 단 한 번의 희생 제사로 영원한 구속을 이루셨고, 구약성경의 제사를 완성하셨습니다. 따라서 저자는 성도들에게 율법으로 되돌아가지 말고, 시련 속에서도 믿음을 굳게 지키라고 권면합니다.

야고보서는 예수님의 형제이자 예루살렘 교회의 지도자였던 야고보가 쓴 편지로, 흩어져 있는 유대인 성도들에게 보내졌습니다. 그는 행함이 없는 믿음은 죽은 것이라고 강조합니다. 이는 구원이 행위에서 비롯된다는 뜻이 아니라, 참된 믿음은 반드시 삶의 열매로 나타나야 한다는 의미입니다.

이번 주에는 히브리서와 야고보서를 읽습니다. 리딩지저스 영상은 히브리서의 중심 메시지에 더욱 집중합니다. 예수님의 완전하신 구원 사역 위에 우리의 믿음을 굳건히 세우고, 그 믿음이 일상의 행실 속에 열매로 드러나는 한 주가 되기를 바랍니다.

이번 주 성경읽기

1일차 히브리서 1-3장

2일차 히브리서 4-6장

3일차 히브리서 7-9장

4일차 히브리서 10-13장

5일차 야고보서 1-3장

6일차 야고보서 4-5장

1일차

히브리서 1-3장

오디오 바이블

하늘과 땅을 잇는 하나님의 아들

히브리서 저자는 하나님께서 마지막 날에 아들을 통해 우리에게 말씀하셨다고 선포합니다. 그 아들은 만유의 상속자이시며, 세상을 지으신 창조주이자 천사들의 경배를 받으시는 하나님의 아들이십니다. 그러나 그는 죄인들을 구원하시기 위해 잠시 천사보다 낮아져서 사람이 되셨고 고난을 받으셨습니다. 또한 그리스도는 자신이 영광으로 이끈 이들을 형제라 부르기를 부끄러워하지 않으시며, 친히 시험을 받으셨기에 시험받는 자들을 능히 도우실 수 있습니다. 이어 저자는 모세가 하나님 집에서 신실한 종으로 충성했다면, 예수님은 아들로서 하나님의 집을 맡으신 더 크신 분임을 강조합니다. 그러므로 성도들은 광야에서 불순종했던 이스라엘처럼 마음을 완고하게 하지 말고, 끝까지 믿음을 굳게 붙들어야 한다고 권면합니다.

묵상 노트

2일차

히브리서 4-6장

오디오 바이블

은혜의 보좌 앞에 담대히

히브리서 저자는 하나님의 안식에 들어갈 약속이 아직 남아 있음을 강조하며, 성도들에게 하나님의 말씀에 믿음으로 순종하여 그 안식에 들어가라고 권면합니다. 또한 예수님은 우리의 연약함을 아시는 대제사장이시므로, 성도는 때를 따라 돕는 은혜를 얻기 위해 은혜의 보좌 앞에 담대히 나아가야 한다고 격려합니다. 저자는 예수님이 멜기세덱의 반차를 따르는 영원한 대제사장이심을 밝히며, 율법이 가리키는 실체인 그리스도께서 오셔서 성도의 구원을 이루셨으니, 다시는 율법으로 돌아가지 말라고 경고합니다. 또한 저자는 은혜를 맛보고도 떠난 자들에게는 엄중히 경고하고, 성도들에게는 구원의 확신과 소망을 끝까지 붙들며 믿음 안에 거하라고 권면합니다.

묵상 노트

3일차

히브리서 7-9장

오디오 바이블

완전한 제사, 새 언약의 중보자

히브리서 저자는, 구약의 제사장직으로는 온전함에 이를 수 없었지만, 예수님께서는 단번에 자신을 드려 죄를 담당하시고 영원한 구원을 이루셨다고 선포합니다. 예수님은 하나님의 보좌 우편에 앉아 하늘의 성소에서 섬기시는 참된 대제사장이십니다. 하나님은 예레미야를 통해서 율법을 마음에 새기고 죄를 다시는 기억하지 않겠다는 새 언약을 약속하셨고, 그 언약은 예수 그리스도 안에서 완전히 성취됩니다. 이어서 저자는 구약성경의 제사 제도가 장차 올 것의 그림자에 불과했다고 밝히며, 예수님께서 짐승의 피가 아니라 자신의 피로 단번에 속죄를 이루셨다는 사실을 거듭 강조합니다. 또한 예수님은 성령을 통해 우리의 양심을 죽은 행실에서 깨끗하게 하셔서 하나님을 섬기게 하시며, 새 언약의 중보자로서 성도들에게 영원한 기업을 보장하신다고 선포합니다.

묵상 노트

4일차

히브리서 10-13장

오디오 바이블

예수를 바라보며 끝까지

히브리서 저자는 구약성경의 율법은 새 언약의 모형이자 그림자에 불과하다는 사실을 거듭 강조하며, 성도들에게 다시는 율법으로 돌아가서는 안 된다고 강하게 경고합니다. 특히 배교하는 자는 하나님의 심판을 피할 수 없다고 분명히 밝힙니다. 이어서 그는 믿음의 본질을 설명하면서, 아브라함과 모세를 비롯한 믿음의 조상들이 약속된 것을 모두 받지 못했음에도 끝까지 소망 가운데서 믿음을 지켰다고 강조합니다. 그러므로 성도들 역시 시련 가운데 인내하며, 믿음의 주요 온전하게 하시는 분인 예수를 바라보자고 격려합니다. 마지막으로 저자는 형제 사랑을 실천하고 거룩한 삶을 살아갈 것을 권면하며, 하나님께 찬송의 제사를 드리고 선을 행하는 삶으로 응답하라고 당부합니다. 그리고 축복의 말로 편지를 마무리합니다.

묵상 노트

5일차

야고보서 1-3장

오디오 바이블

행함으로 드러나는 참된 믿음

야고보서는 먼저, 여러 가지 시험을 만날 때 기뻐하라고 권면합니다. 시련은 인내를 낳고, 그 인내가 우리를 온전하게 하여, 부족함이 없게 한다고 말합니다. 또한 각 사람이 자기 욕심에 이끌려 시험에 빠지고 결국 죄를 짓게 된다는 것과, 말씀을 듣기만 할 것이 아니라 행해야 함을 가르칩니다. 야고보는 외모로 사람을 차별하는 것과 가난한 이를 멸시하는 것을 비판합니다. 또한 행함이 없는 믿음은 죽은 것임을 거듭 강조하고, 혀를 다스리는 것이 신앙인의 중요한 덕목임을 밝힙니다. 참된 지혜는 위에서 오는 것으로, 성결과 화평, 긍휼과 선한 열매가 그 가운데 가득합니다.

묵상 노트

6일차

야고보서 4-5장

오디오 바이블

겸손과 인내로 주님을 기다리라

야고보서는 교회 내 다툼의 원인이 각 사람 안에 있는 정욕 때문이라고 지적하며, 성도들은 마음을 낮추고 겸손히 하나님께 복종해야 한다고 교훈합니다. 또한 이 세상의 삶은 잠시 보이다 사라지는 안개와 같으므로, 허탄한 자랑을 하지 말라고 경고합니다. 특히 야고보는 가난한 사람을 억압하는 부자들에게 하나님의 심판이 있을 것이라고 경고하는 한편, 성도들에게는 주께서 다시 오실 때까지 인내로 기다리라고 권면합니다. 또한 고난 중에는 기도하고 즐거운 때에는 찬송하며, 병든 자들을 위해서는 장로들에게 요청해 함께 기도하라고 가르칩니다. 마지막으로, 진리를 떠난 자를 돌아서게 하면 그 영혼을 사망에서 구원하는 것이라고 가르치며 서신을 마무리합니다.

묵상 노트

소그룹

나눔

이번 한 주간 성경을 통독하면서, 기억에 남는 말씀을 나누어 봅시다.

적용

1. 예수님은 우리의 연약함을 아시고, 시험받는 자를 도우시는 대제사장이십니다(히브리서 2:18). 나는 어려움이나 시험을 만났을 때, 예수님께 곧바로 나아가는 편인가요? 아니면 문제를 스스로 해결하려고 하는 편인가요?

2. 예수님은 지금도 살아 계셔서 하나님의 보좌 우편에 앉아 계시며, 대제사장으로서 성도들을 위해 간구하고 계십니다(히브리서 7:25; 8:1-2). 나는 예수님의 이 '현재진행형' 사역을 얼마나 믿고 의지하며 살아가고 있나요?

3. 야고보서는 말씀을 듣는 데서 그치지 말고 들은 말씀을 행동으로 옮기라고 권면합니다. 지금 내 삶에서 야고보서 말씀 중에 행동으로 옮길 수 있는 구체적인 한 가지는 무엇인가요? 그 말씀을 오늘 하루 어떻게 실천할 수 있을까요?

기도

서로의 기도 제목을 나누며 함께 기도합니다.

GENERAL EPISTLES 2

일반서신 2

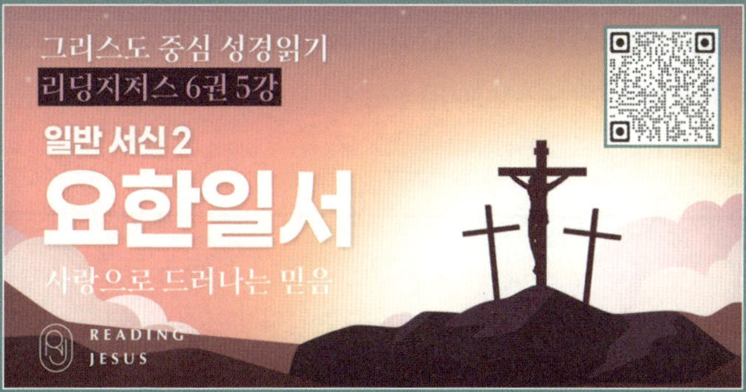

QR 코드를 찍으면 '일반서신 2' 리딩지저스 영상으로 바로 연결됩니다

일반서신 2

일반서신에 속하는 서신들이 분량은 짧지만 깊은 복음의 진리를 전할 뿐 아니라 삶을 위한 실제적인 교훈도 담고 있습니다. 이 편지들은 박해와 거짓 가르침 속에서도 믿음을 지키고, 종말의 소망을 붙들며, 사랑과 거룩함으로 살아가도록 권면합니다.

베드로전서는 사도 베드로가 소아시아에 흩어진 성도들에게 보낸 편지로, 사회적 멸시와 박해 가운데에서도 산 소망을 붙들고 흔들림 없이 믿음을 지켜 가도록 격려합니다. 베드로후서는 순교를 앞둔 사도 베드로가 마지막으로 남긴 편지로 알려져 있으며, 거짓 교사들을 경계하고 반드시 임할 주님의 재림에 대해 확신을 가질 것을 촉구합니다. 요한일·이·삼서는 사도 요한이 말년에 쓴 편지들로, 참 하나님이자 참 사람이신 예수 그리스도를 증언하며, 진리 안에서 서로를 사랑하라고 강조합니다. 유다서는 예수님의 형제이자 야고보의 형제인 유다가 쓴 짧은 편지로, 복음을 왜곡하는 거짓 교사들과 방종에 빠진 자들로 인해 위기에 처한 교회를 향해 경고와 권면을 전합니다.

이번 주는 베드로전서부터 유다서까지 읽습니다. 리딩지저스 영상에서는 특별히 요한일서의 중심 메시지를 함께 살펴봅니다. 일반서신들이 공통으로 경고했던 거짓 교사와 왜곡된 가르침이 오늘날에도 여전히 만연하다는 사실을 기억하며, 진리 위에 굳건히 서는 한 주가 되기를 바랍니다.

이번 주 성경읽기

1일차 베드로전서 1-5장

2일차 베드로후서 1-3장

3일차 요한일서 1-3장

4일차 요한일서 4-5장

5일차 요한이서, 요한삼서

6일차 유다서

1일차

베드로전서 1-5장

오디오 바이블

그리스도를 따라 고난에서 영광으로

베드로전서는 그리스도인이라는 이유로 사회에서 멸시와 비방을 받는 성도들에게 사도 베드로가 보낸 격려의 편지입니다. 그는 하나님께서 성도들을 거듭나게 하셔서 산 소망과 썩지 않을 기업을 주셨다고 선포하며, 성도들에게 하나님의 택하신 백성이자 왕 같은 제사장답게 거룩한 삶을 살라고 권면합니다. 또한 예수님은 죄가 없으셨음에도 우리를 위해 부당하게 고난을 받으시고 마침내 영광에 이르신 것을 상기시키며, 성도들 역시 잠시의 고난을 지나 결국 영원한 영광에 참여하게 될 것임을 확신시킵니다. 마지막으로 베드로는 교회를 이끄는 장로들과 젊은 성도 모두에게 권면을 남기며, 믿음을 굳게 지킬 것을 당부하면서 서신을 마무리합니다.

묵상 노트

2일차

베드로후서 1-3장

오디오 바이블

진리를 붙들고 주의 날을 기다리라

베드로후서는 사도 베드로가 자신이 곧 세상을 떠날 것을 알고 (1:14) 유언처럼 남긴 편지입니다. 그는 자신을 예수 그리스도의 사도이자 변화산 사건의 목격자라고 밝히며, 하나님의 은혜가 성도를 변화시켜 경건한 삶으로 인도한다고 말합니다. 그러나 당시 교회 안에는 성경의 진리를 왜곡하고, 성적인 방종을 정당화하며, 성도들을 미혹하는 거짓 교사들이 있었습니다. 베드로는 진리가 사람의 생각에서 난 것이 아니라 하나님의 계시임을 강조하며, 거짓 교사들은 결국 하나님의 심판 아래 멸망할 것이라고 경고합니다. 또한 주님의 재림은 지연되는 것처럼 보이나 반드시 임할 것이며, 성도들은 그날을 바라보며 인내로 믿음을 지켜야 한다고 강조합니다.

묵상 노트

3일차

요한일서 1-3장

오디오 바이블

참 사람으로 오신 하나님의 아들

요한일서는 당시 교회 안에 스며든 거짓 교훈, 특히 예수님의 참된 인성을 부정하는 이단 사상에 맞서 기록된 편지입니다. 그들은 영은 선하고 육체는 악하다고 보았으며, 구원이 은혜로 받는 죄 사함이 아니라 비밀스러운 지식이나 특별한 경험을 통해 성취된다고 주장했습니다. 그로 인해 일부 성도들은 육체를 가벼이 여겨서 방종하거나 형제 사랑을 소홀히 했습니다. 이에 사도 요한은 자신이 보고 듣고 만진 "생명의 말씀"(1:1)으로 예수님이 실제로 나타나셨다고 증언하며, 그분이 참 사람으로 오셔서 우리 죄를 사하기 위해 화목제물이 되셨다고 선포합니다. 그리고 이 진리 안에 거하는 성도는 죄를 미워하고 형제를 사랑함으로 자신이 빛의 자녀임을 드러내야 한다고 강조합니다.

묵상 노트

4일차

요한일서 4-5장

오디오 바이블

그 아들 안에 있는 영원한 생명

사도 요한은 모든 영을 다 믿지 말고 분별하라고 권하며, 하나님께 속한 자와 속하지 않은 자를 분명히 구분합니다. 하나님께 속하지 않은 자는 예수님께서 육체로 오신 것을 부인하고, 세상에 속해 세상의 말과 가치를 따르며, 진리의 말씀을 듣지 않습니다(4:6). 무엇보다 그들은 하나님의 아들을 믿지 않으므로 그 안에 영생이 없습니다. 반대로 하나님께 속한 자는 예수님께서 육체로 오신 하나님의 아들, 곧 그리스도이심을 믿고 고백하며, 하나님의 사랑 안에 거하고 형제를 사랑합니다. 또한 믿음을 통해 영생을 얻고, 그 믿음으로 세상을 이깁니다. 마지막으로 사도 요한은 예수 그리스도께서 참 하나님이시며 영생이심을 선포하고, 성도들에게 자신을 지켜 우상을 멀리하라고 당부하며 편지를 마무리합니다.

묵상 노트

5일차

요한이서, 요한삼서

오디오 바이블

진리 안에서 사랑을 실천하라

요한이서는 "장로"로 불린 사도 요한이 "택하심을 받은 부녀와 그의 자녀들"(1:1)에게 보낸 편지입니다. 그는 예수님께서 육체로 오신 것을 부인하는 거짓 교사들을 경계하고, 그들을 집에 들이거나 환대하지 말라고 명령합니다. 요한삼서에서 사도 요한은, 가이오가 복음을 전하러 다니는 형제들을 영접하고 섬긴 것에 대해 칭찬합니다. 이는 단순한 환대가 아니라 그들의 복음 사역에 동참하는 일이었습니다(1:8). 반대로 사도의 권위를 거부하고 형제들을 배척하며, 환대하려는 이들마저 내쫓은 디오드레베는 책망을 받습니다. 그리고 또한 모든 사람에게 칭찬받은 데메드리오는 본받을 만한 모범으로 소개됩니다. 이 두 서신은 성도가 진리를 기준으로 분별하고 사랑을 실천해야 함을 일깨워 줍니다.

묵상 노트

6일차

유다서

오디오 바이블

믿음을 지켜, 영광의 주 앞에 설 때까지

유다서는 "예수 그리스도의 종이요 야고보의 형제"로 자신을 소개한 유다가 기록한 짧은 편지입니다. 그는 "성도에게 단번에 주신 믿음의 도"(1:3)를 우리가 이미 받았으니 흔들림 없이 그 진리를 끝까지 지켜야 한다고 권면합니다. 당시 교회에는 은혜를 방종으로 바꾸어 정욕대로 행하며 분열을 일으키고 예수님을 부인하는 거짓 교사들이 들어와 있었습니다. 이에 유다는 광야에서 멸망한 이스라엘, 타락한 천사들, 소돔과 고모라의 심판을 예로 들며 그들에게 경고합니다. 반대로 성도들에게는 거룩한 믿음 위에 자신을 세우고, 성령으로 기도에 힘쓰며, 장차 영광의 주 앞에 설 그날을 소망하라고 권면합니다. 마지막으로 성도를 능히 지키시고 흠 없이 세우실 하나님께 찬양과 영광을 돌리며 편지를 마무리합니다.

묵상 노트

소그룹

나눔

이번 한 주간 성경을 통독하면서, 기억에 남는 말씀을 나누어 봅시다.

적용

1. 일반서신은 공통적으로 복음을 왜곡하는 거짓 가르침을 경계하라고 단호하게 이야기합니다. 오늘날 우리도 다양한 매체를 통해 성경을 왜곡하는 주장과 정보를 쉽게 접합니다. 나는 그것들을 분별하지 않고 그대로 받아들인 적은 없었나요? 분별하기 위해 어떤 기준을 세워야 한다고 생각하나요?

2. 예수님께서 십자가와 부활을 통해 완전한 구원을 이루셨으므로, 그의 이름을 믿는 자들은 영생을 얻습니다(요한일서 5:13). 이 진리가 나에게 주는 가장 큰 위로와 소망은 무엇인가요? 나는 그 소망을 어떻게 일상 속에서 붙들고 살아가고 있나요?

3. 그리스도 안에서의 형제 사랑은 교회 공동체를 세우는 데 있어 중요한 부분입니다. 이번 주 내가 속한 공동체에서 형제 사랑을 위해 구체적으로 실천할 수 있는 일은 무엇일까요?

기도

서로의 기도 제목을 나누며 함께 기도합니다.

REVELATION 1

요한계시록 1

QR 코드를 찍으면 '요한계시록 1' 리딩지저스 영상으로 바로 연결됩니다

요한계시록 1

많은 이들이 요한계시록을 어렵게 여기지만, 요한계시록의 큰 그림은 분명합니다. 상징과 환상이 많이 등장하지만, 요한계시록의 중심 메시지는 부활하신 예수 그리스도의 왕권입니다. 예수님은 만왕의 왕으로 결국 승리하실 것이므로, 교회는 그분을 증언하며 이 시대의 미혹에 흔들리지 말고 인내해야 한다는 것이 요한계시록의 중심 내용입니다.

요한계시록의 구조에 대해서는 다양한 견해가 있지만, 리딩지저스는 다음과 같이 나누어 살펴봅니다. 전체적으로 요한계시록은 서신서 형식을 따라 머리말과 인사(1:1-5상), 본론(1:5하-22:20), 끝인사(22:21)로 구성되어 있습니다. 본론은 일곱 교회에 주는 말씀(2:1-3:22) 이후, 4장부터 일곱 개의 큰 단락으로 이어집니다.

4:1-8:1	보좌에 앉으신 하나님과 일곱 인
8:2-11:19	일곱 나팔
12-14	재림과 관련된 일곱 상징적 사건
15-16	일곱 대접
17:1-19:10	바벨론 몰락에 대한 일곱 선언
19:11-21	재림에 대한 묘사
20:1-15	흰 보좌

이 일곱 단락은 시간 순서라기보다, 각기 다른 강조점을 가지고 예수님의 재림과 왕권을 다양한 각도에서 드러냅니다. 특히 후반으로 갈수록 이야기는 절정을 향해 나아가며, 예수님의 재림 직전에 일어날 강렬한 사건들에 초점을 맞춥니다.

이번 주에는 리딩지저스 영상을 통해 요한계시록의 중심 메시지와 전체 구조를 살펴보고, 상징과 환상을 이해하는 접근 방식에 관해서도 알아봅니다. 그리고 요한계시록 1-11장을 읽으며, 이 책이 단지 미래의 사건만을 다루는 예언서가 아니라, 이 시대를 살아가는 지금 우리에게도 깊은 위로와 소망을 주는 말씀임을 함께 확인해 보겠습니다.

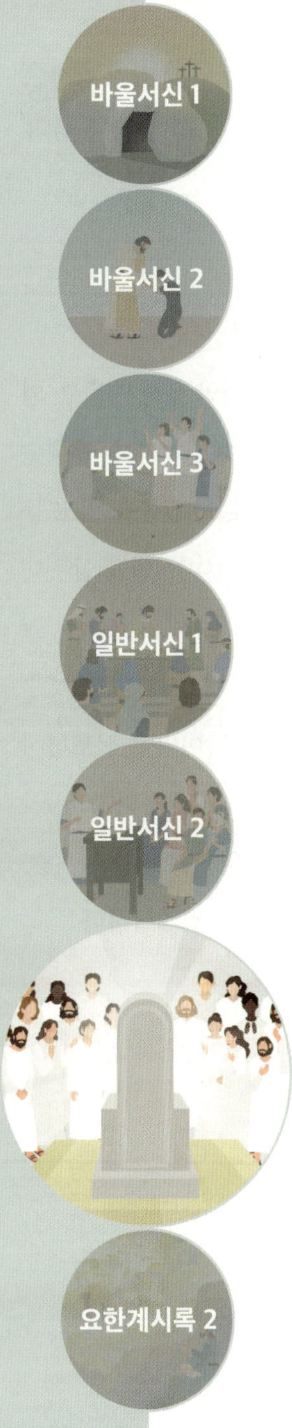

이번 주 성경읽기

1일차 요한계시록 1장

2일차 요한계시록 2-3장

3일차 요한계시록 4-5장

4일차 요한계시록 6-7장

5일차 요한계시록 8-9장

6일차 요한계시록 10-11장

요한계시록 1장

오디오 바이블

나는 처음이요 마지막이니

밧모 섬에 유배된 사도 요한은 부활하신 예수님의 음성을 듣고, 일곱 교회에 편지를 전하라는 명령을 받습니다. 요한계시록은 "예수 그리스도의 계시"(1:1)라는 선언으로 시작되며, 이 말씀을 읽고 듣고 지키는 자는 복이 있을 것이라고 약속합니다(1:3). 일곱 금촛대 사이를 거니시며 손에 일곱 별을 붙들고 계신 예수님의 모습은, 교회 가운데 임재하시고 다스리시는 왕의 위엄을 드러냅니다. 예수님은 자신을 알파와 오메가, 곧 처음이자 마지막이라고 선포하시며, "네가 본 것과 지금 있는 일과 장차 될 일을 기록하라"(1:19)라고 명령하십니다. 이 말씀은 요한계시록 전체의 구조를 보여 주는 핵심 구절로, 앞으로 전개될 내용이 이 틀 안에서 전개됩니다.

묵상 노트

2일차

요한계시록 2-3장

오디오 바이블

일곱 교회를 향한 주님의 음성

요한계시록 2-3장에는 아시아의 일곱 교회를 향한 주님의 말씀이 기록되어 있습니다. 에베소 교회는 처음 사랑을 잃어 책망을 받았고, 라오디게아 교회는 미지근한 신앙으로 꾸지람을 듣습니다. 반면 서머나와 빌라델비아 교회는 박해 속에서도 믿음을 지켜 칭찬을 받습니다. 버가모, 두아디라, 사데 교회는 책망과 칭찬을 함께 받았는데, 믿음을 끝까지 지킨 이들도 있었지만 거짓 가르침을 용인하거나 세상과 타협한 자들도 있었기 때문입니다. 주님은 각 교회에 회개를 촉구하시고, 끝까지 이기는 자에게는 상을 주겠다고 약속하십니다. 이 일곱 교회는 모든 시대의 교회를 대표하므로, 오늘날 교회가 직면할 수 있는 다양한 도전과 교훈을 여실히 보여 줍니다.

묵상 노트

3일차

요한계시록 4-5장

오디오 바이블

보좌에 앉으신 이와 어린양

요한계시록 4-5장은 앞으로 펼쳐질 영적 전쟁의 서막을 보여 줍니다. 죽임당한 어린양으로 나타나신 예수님께서 하나님의 심판과 회복의 계획을 펼치시는데, 그 시작은 예배하는 장면에서 출발합니다. 요한은 열린 하늘 문을 통해 보좌에 앉으신 하나님을 뵙고, 이십사 장로와 네 생물이 하나님께 경배하는 모습을 봅니다. 이어서 어린양이 봉인된 두루마리를 취하시자, 하늘의 모든 존재가 그분께 경배와 찬양을 올립니다. 이 장면은 역사를 주관하시고 모든 것을 완성하실 하나님과 어린양께 성도가 경배와 찬양으로 응답해야 함을 보여 줍니다.

묵상 노트

4일차

요한계시록 6-7장

오디오 바이블

심판 중에 보호받는 하나님의 백성

어린양이 일곱 인을 떼기 시작하자 세상에 하나님의 심판이 임합니다. 인이 하나씩 열릴 때마다, 흰 말, 붉은 말, 검은 말, 청황색 말이 차례로 나타나고, 정복, 전쟁, 기근, 죽음이 땅에 임합니다. 다섯째 인이 떼어지자 순교자들이 하나님의 공의를 호소하는 모습이 나타나고, 여섯째 인이 열리자 큰 지진과 하늘의 흔들림 같은 재앙이 이어집니다. 일곱 번째 인이 열리기 전에 하나님의 백성들이 인치심을 받는데, 이마에 인을 받은 사람의 수는 12지파에서 각각 12,000명씩, 총 144,000명입니다. 이 숫자는 하나님의 모든 백성을 상징합니다. 이어 각 나라와 민족 가운데서 나온 아무도 능히 셀 수 없는 큰 무리가 흰옷을 입고 하나님과 어린양 앞에 서서 찬양과 경배를 드립니다.

묵상 노트

5일차

요한계시록 8-9장

오디오 바이블

성도의 기도로 시작되는 심판

일곱째 인이 떼어지자 하늘은 잠시 고요해지고, 일곱 천사가 나팔을 받아 들면서 전쟁의 시작을 알립니다. 다른 천사가 금향로에 성도들의 기도를 담아 하나님께 올리고, 그 향로가 땅에 쏟아지자 천둥과 번개와 지진이 일어납니다. 성도들의 기도가 심판을 여는 중요한 역할을 합니다. 첫째 나팔부터 시작하여 넷째 나팔까지 나팔이 울릴 때마다, 우박과 불, 피, 쓴물, 흑암의 재앙이 차례로 임합니다. 다섯째 나팔이 울리자 무저갱이 열리고 황충이 쏟아져 나와 하나님의 인치심을 받지 못한 사람들을 괴롭힙니다. 여섯째 나팔이 울리자 유브라데 강에서 네 천사가 풀려나 많은 사람들을 죽입니다. 그러나 이러한 심판 가운데서도 악인들은 회개하지 않고, 오히려 우상과 권력을 숭배합니다. 이 모든 장면은 예수님이 심판의 주이심을 드러냅니다.

묵상 노트

6일차

요한계시록 10-11장

오디오 바이블

하늘 가득 선포되는 왕권

여섯째와 일곱째 나팔 사이에는 두 가지 중요한 장면이 등장합니다. 먼저, 요한이 하늘에서 내려온 힘센 천사에게 두루마리를 받아먹는 장면인데, 요한은 그 두루마리가 입에는 달지만 배에서는 쓰다고 말합니다. 이어 두 증인의 환상이 펼쳐집니다. 그들은 기적을 행하며 예언하고 증언하다가 무저갱에서 올라온 짐승에게 죽임을 당합니다. 그러나 사흘 반 후에 하늘로부터 생기를 받아 다시 살아나고, 하늘로 들려 올라갑니다. 마침내 일곱째 나팔이 울리자 하늘 가득 찬양이 울려 퍼지고, 이십사 장로가 하나님께 경배합니다. 그때 하나님의 성전이 열리고 언약궤가 나타나며, 번개와 음성, 지진과 큰 우박이 임해 하나님의 권능과 위엄을 드러냅니다.

묵상 노트

소그룹

나눔

이번 한 주간 성경을 통독하면서, 기억에 남는 말씀을 나누어 봅시다.

적용

1. 에베소 교회는 처음 사랑을 잃었고, 라오디게아 교회는 미지근한 신앙에 머물렀습니다. 나는 내 신앙의 여정에서 처음 사랑을 잃어버린 적이 없었나요? 혹시 라오디게아 교회처럼 열정 없이 미지근한 신앙에 머물렀던 순간은 없었나요?

2. 요한계시록은 복잡하고 어려워 보이지만, 만왕의 왕이신 예수님이 반드시 승리하신다는 분명한 메시지를 선포합니다. 이 진리가 내 삶에 어떤 소망을 주나요? 현재 나의 상황 속에 이 승리의 약속을 붙들고 있나요?

3. 전쟁과 심판의 한복판에서도 성도는 보좌에 앉으신 하나님과 어린양께 찬양과 경배를 올립니다. 성도의 가장 큰 무기는 찬양과 예배입니다. 나는 전쟁 같은 삶 속에서 어떻게 하나님께 찬양과 경배를 드리는 삶을 실천할 수 있을까요?

기도

서로의 기도 제목을 나누며 함께 기도합니다.

REVELATION 2

요한계시록 2

QR 코드를 찍으면 '요한계시록 2' 리딩지저스 영상으로 바로 연결됩니다

요한계시록 2

요한계시록 12장부터는 하나님과 사탄, 어린양과 짐승, 하늘의 군대와 세상의 군대 사이에서 벌어지는 마지막 전쟁 이야기가 펼쳐집니다. 그러나 이 전쟁의 결말은 분명합니다. 바로 예수 그리스도의 승리입니다. 이 전쟁은 비등한 힘의 대결이 아니라, 하나님의 심판과 구원의 과정이며, 온 세상의 역사가 그리스도를 통해 완성되어 가는 모습을 보여 줍니다.

요한계시록은 구약성경에서 예언된 하나님의 약속이 어떻게 완전하게 성취되는지를 보여 줍니다. 이사야서와 에스겔서에서 약속된 새 하늘과 새 땅, 새 예루살렘은 이제 현실이 됩니다. 그곳에는 더 이상 눈물도 고통도 없으며, 하나님과 어린양이 친히 빛과 성전이 되어 모든 민족을 비추십니다.

또한 요한계시록의 환상들은 고난 가운데 있는 성도들에게, 하나님이 온 역사를 주관하시며 결국 승리하신다는 확신을 줍니다. 그 확신은 세상의 혼란 속에서도 거짓 권세에 흔들리지 않고, 참된 왕이신 예수 그리스도를 더욱 바라보게 합니다. 부활한 왕이신 예수님은 그의 교회를 끝까지 붙드시며, 교회는 결국 그분과 함께 승리할 것입니다.

하나님의 백성은 그 소망을 붙들고 끝까지 인내하며, 흔들리지 말고 깨어 있어야 합니다. 요한계시록 마지막 장에서 들려오는 외침처럼, 우리도 함께 고백하게 될 것입니다. "아멘, 주 예수여 오시옵소서!"(22:20)

이번 주 성경읽기

1일차 요한계시록 12-13장

2일차 요한계시록 14-15장

3일차 요한계시록 16-17장

4일차 요한계시록 18-19장

5일차 요한계시록 20-21장

6일차 요한계시록 22장

1일차

요한계시록 12-13장

오디오 바이블

하나님을 흉내 내는 사탄

요한은 여자와 용이 등장하는 환상을 봅니다. 여자는 아이를 낳으려 하고 용은 그 아이를 삼키려 합니다. 하지만 아이는 하나님께로 올려지고 여인은 광야에서 하나님의 보호를 받습니다. 이어 미가엘과 용이 하늘에서 싸우다가 용은 결국 땅으로 쫓겨납니다. 그 후 요한은 바다에서 올라오는 짐승을 보는데, 그 짐승은 하나님을 모독하고 성도들을 공격하며 세상 사람들의 경배를 받습니다. 또 땅에서는 또 다른 짐승, 곧 거짓 선지자가 나타나 기적과 거짓으로 사람들을 미혹하여 처음 짐승을 섬기게 합니다. 이는 사탄이 하나님의 일을 흉내 내며 사람들을 속이는 모습입니다. 그러나 그의 권세는 잠시일 뿐이며, 결국 하나님의 심판 아래 무너질 것입니다.

묵상 노트

2일차

요한계시록 14-15장

오디오 바이블

어린양과 성도들

요한은 시온산에 서 계신 어린양과 144,000명의 무리가 하나님의 보좌 앞에서 새 노래를 부르는 환상을 봅니다. 이어 세 천사가 차례로 나타나, 영원한 복음을 선포하고, 바벨론의 멸망을 알리며, 짐승을 따르는 자들에게 하나님의 진노가 임할 것을 경고합니다. 또 요한은 흰 구름 위에 앉으신 이가 낫을 휘둘러 심판을 집행하는 모습을 봅니다. 이어 일곱 천사가 마지막 재앙을 들고 나타나고, 성도들은 하나님의 위대하심과 공의를 찬양합니다. 이 말씀은 요한계시록에 등장하는 모든 재앙과 심판이 하나님의 보좌에서 비롯된 하나님의 정의로운 심판임을 분명히 보여 줍니다.

묵상 노트

3일차

요한계시록 16-17장

오디오 바이블

끝까지 회개하지 않는 자들

일곱 천사가 하나님의 진노가 담긴 대접을 땅에 쏟을 때마다 재앙이 일어나는데, 이 재앙은 모든 사람이 아닌 짐승의 표를 받고 그의 형상을 숭배한 자들에게만 내립니다. 그러나 그들은 끝내 회개하지 않고 하나님을 비방합니다. 여섯째 대접이 유브라데 강에 쏟아지자 강물이 마르고, 더러운 영들이 땅의 왕들을 모아 어린양을 대적하는 마지막 전쟁을 아마겟돈에서 준비합니다. 일곱째 대접이 쏟아지자 큰 지진과 우박이 일어나 성이 갈라지고 섬과 산들이 사라집니다. 이어 요한은 붉은 짐승을 탄 화려한 여자의 환상을 보는데, 이는 땅의 왕들을 다스리며 성도들을 박해한 큰 바벨론을 상징합니다. 천사는 그 여자의 정체와 그녀가 받을 심판을 밝히며, 어린양과 그와 함께하는 자들이 최종적으로 승리할 것을 보여 줍니다.

묵상 노트

4일차

요한계시록 18-19장

오디오 바이블

바벨론의 멸망과 어린양의 혼인 잔치

요한은 천사가 바벨론의 멸망을 선포하는 장면을 봅니다. 이어서 하늘로부터 또 다른 음성이 들리며 성도들에게 바벨론에서 나와서 그 죄에 참여하지 말라고 경고합니다. 온갖 부와 쾌락으로 가득했던 바벨론은 하나님의 심판 아래 순식간에 무너집니다. 이어 19장에서는 하늘 가득 찬양이 울려 퍼지고, 어린양의 혼인 잔치가 열립니다. 순결을 지킨 성도들은 신부처럼 준비된 모습으로 그 잔치에 초대되어 어린양과 함께 영광을 누립니다. 이는 세상의 멸망과 극명히 대비되는 기쁨과 승리의 장면입니다. 이후 백마를 타신 이가 나타나 만국을 심판하시고, 그를 대적해 전쟁을 일으킨 짐승과 거짓 선지자 이 둘은 유황불에 던져집니다. 그리고 그들을 따르던 자들은 백마를 타신 이의 입에서 나오는 검으로 심판을 받습니다.

묵상 노트

5일차

요한계시록 20-21장

오디오 바이블

새 하늘과 새 땅

요한은 천사가 사탄을 결박해 천 년 동안 무저갱에 가두는 환상을 봅니다. 이어 믿음을 지킨 순교자들과 성도들이 그리스도와 함께 천 년 동안 왕 노릇하는 장면이 펼쳐집니다. 천 년이 지난 후 사탄은 잠시 풀려나 사람들을 미혹하지만, 끝내 불과 유황 못에 던져져 영원한 형벌을 받습니다. 그 후 요한은 흰 보좌에 앉으신 이가 모든 자를 심판하는 장면을 보는데, 생명책에 이름이 없는 자들은 불못에 던져집니다. 그리고 이제 요한은 요한계시록의 절정이자 결말에 해당하는 놀라운 환상을 목격합니다. 새 하늘과 새 땅이 나타나고, 거룩한 성 새 예루살렘이 하늘에서 내려옵니다. 하나님과 어린양이 성전이 되셔서 백성과 함께 거하시며 모든 눈물을 닦아 주시고, 죽음과 고통이 다시는 없는 세상이 찾아옵니다.

묵상 노트

6일차

요한계시록 22장

오디오 바이블

주 예수여 오시옵소서

새 예루살렘의 모습은 에덴동산을 떠올리게 합니다. 성 가운데 생명수의 강이 흐르고, 그 좌우에 생명나무가 있어 열두 가지 열매를 맺으며, 그 잎은 만국을 치유합니다. 하나님과 어린양이 성의 중심에 계시고, 그의 종들은 그의 얼굴을 뵙고 그를 섬기게 됩니다. 그곳에는 밤이 없는데, 하나님께서 그들에게 친히 빛이 되셔서 영원히 다스리시기 때문입니다. 요한이 받은 말씀들은 참되고 신실하며, 주님께서는 다시 오셔서 각 사람이 행한대로 갚으실 것입니다. "나는 알파와 오메가요, 처음과 마지막이요, 시작과 마침이라"라는 말씀은 모든 역사의 주관자가 누구이신지를 분명히 보여 줍니다. 요한은 성도들에게 이 예언의 말씀을 끝까지 붙들라고 권면하고, "아멘, 주 예수여 오시옵소서"라는 고백으로 서신을 마무리합니다.

묵상 노트

소그룹

나눔

이번 한 주간 성경을 통독하면서, 기억에 남는 말씀을 나누어 봅시다.

적용

1. 사탄은 박해와 억압뿐 아니라 거짓과 유혹으로도 성도를 넘어뜨리려 합니다. 나는 어떤 것에 쉽게 마음을 빼앗기나요?(돈, 사랑, 명예, 인정, 정치, 가족 등) 그것을 분별하고 유혹을 이겨 내기 위해 지금 내게 필요한 하나님의 도우심은 무엇인가요?

2. 때로는 교회가 세상 앞에서 무력하고 패배하는 듯 보입니다. 그러나 요한계시록은 예수님께서 교회에 승리를 주신다고 명확하게 선포합니다. 이 사실이 내게는 어떤 위로가 되며, 또 어떤 새로운 결단을 불러일으키나요?

3. 예수님은 "속히 오리라"(22:20)라고 약속하십니다. 나는 이 재림의 약속을 얼마나 의식하며 살아가고 있나요? 그 약속을 붙든 믿음이 내 삶 속에서 구체적으로 어떻게 드러날 수 있을까요?

기도

서로의 기도 제목을 나누며 함께 기도합니다.

"또 이르시되
내가 너희와 함께 있을 때에 너희에게 말한 바
곧 모세의 율법과 선지자의 글과 시편에
나를 가리켜 기록된 모든 것이
이루어져야 하리라 한 말이 이것이라 하시고
이에 그들의 마음을 열어 성경을 깨닫게 하시고"

누가복음 24장 44-45절

WESTMINSTER
THEOLOGICAL SEMINARY
EST. 1929

Korean Master of Arts in Theological Studies

한국어 신학연구 석사과정

소개

웨스트민스터 신학교의 한국어 신학연구 석사과정(KMATS)은 성경의 진리를 삶과 일터, 사역의 현장 등 삶의 모든 영역에 적용할 수 있도록 돕는 목회자, 선교사, 평신도 모두를 위한 프로그램입니다.

특징

1. 세계적 명성의 웨스트민스터 교수진
2. 원하는 시간과 장소에서 학습 가능
3. 100% 온라인 전 세계 어디서나 강의 수강
4. 아이비리그 대학에서 사용하는 플랫폼

교육과정

- **12** 과목 이수
- **10** 1학기 10주
- **4** 1년 4학기
- **1.5** 1.5 - 3년 소요

졸업 요건 : 12과목 이수 + 졸업 총괄평가

졸업 총괄평가는 졸업 시험, 소논문, 현장 적용 연구 중 하나를 선택하여 수행할 수 있습니다.

교수진

피터 릴백

이안 더귀드

번 포이트레스

데이비드 가너

윌리엄 에드가

브랜든 크로우

조나단 깁슨

싱클레어 퍼거슨

리처드 개핀

과목

필수 과목

구약성경과 그리스도 이안 더귀드, 조나단 깁슨, 번 포이트레스

신약성경과 그리스도 브랜든 크로우, 리처드 개핀, 번 포이트레스 (초청 강사: 데이비드 브리오네스)

성경 해석 원리 번 포이트레스

조직신학 개론 데이비드 가너

교회사 개론 피터 릴백

변증학 개론 윌리엄 에드가 (초청 강사: 다니엘 맥브라이드, 밥 크래머)

신론: 하나님을 아는 지식 싱클레어 퍼거슨

구원론: 그리스도와의 연합 싱클레어 퍼거슨

구약성경 적용 이안 더귀드

신약성경 적용 브랜든 크로우

선택 과목 (3과목 중 택2)

기독교와 문화 윌리엄 에드가 (초청 강사: 팀 켈러)

과학과 신앙 번 포이트레스

예배를 위한 성경신학 이안 더귀드

문의

www.wts.edu/kmats

kmats@wts.edu

+1 215-572-3852 (미국) 02-2289-9081 (한국)

카카오톡에서 "KMATS"을 검색하여 문의

프로그램 페이지

WESTMINSTER
THEOLOGICAL SEMINARY
EST. 1929

Korean Theological Studies Certificates

한국어 신학연구 수료과정

소개

한국어 신학연구 수료과정은 전체 학위 과정을 이수하지 않고
웨스트민스터 신학교 교육과정의 핵심이 되는 네 과목만을 선택하여
신학적 기초와 적용의 토대를 다질 수 있는 프로그램입니다.

대상

□ 성경에 기반한 개혁신학을 공부하고 싶은 **교회 중직자** 또는 **평신도**
□ 주일학교 사역자가 없는 교회에서 사역자에 준하는 역할을 감당하고 있는 **평신도 직분자**
□ 성경과 신앙을 기초로 교육하는 기독교 학교 및 대안학교 **교사**
□ 기독교 세계관을 일터에 적용하고자 하는 **전문직 종사자** 또는 **크리스천 사업가**
□ 해외 선교지 현장에서 신학 훈련이 필요한 **평신도 선교사**
□ 신학적 토대를 다지고 싶은 목회자 **사모**

교육과정

4	100	10	1
과목 이수	100% 온라인	1과목 10주	6개월 - 1년 소요

트랙 1 Foundations of Theology Certificate (FTC)

웨스트민스터 신학입문 수료과정

웨스트민스터 신학교의 교육 이념과 신학적 핵심을 배우는 개론 과목으로 구성되어 있는 프로그램입니다. 성경의 통일된 메시지를 이해하고 복음과 신앙, 일, 문화 등을 성경적 세계관으로 바라볼 수 있도록 합니다.

과목

1	2	3	4
구약성경과 그리스도	신약성경과 그리스도	변증학 개론	조직신학 개론

트랙 2 Christ-centered Biblical Interpretation (CBI)

그리스도 중심 성경해석 수료과정

성경의 중심 메시지가 예수 그리스도라는 확신 가운데 성경을 그리스도 중심으로 읽고 가르치며, 삶과 사역의 다양한 영역에 적용하고자 하는 분들을 위한 프로그램입니다. 이 과정을 통해 성경의 진리를 깊이 있게 연결하는 원리를 배우게 될 것입니다.

과목

1	2	3	4
구약성경과 그리스도	신약성경과 그리스도	성경해석의 원리	구약성경 적용 신약성경 적용 2과목 중 택1

학생 후기

"수업에 일 년 정도 참여한 사람으로서 가장 좋았던 점은 매 학기 교수님들의 강의가 모두 한 방향을 갖고 있다는 점입니다. 그 방향은 성경 안에서 그리스도를 바라봐야 한다는 것입니다. 개혁주의 신앙 체계 안에서 바른 신학을 가르쳐 주셔서 감사합니다." (조직신학개론 수강 학생)

프로그램 페이지

리딩지저스

1권
창세기-여호수아

2권
사사기-에스더

3권
욥기-아가

4권
이사야-말라기

5권
마태복음-로마서

6권
고린도전서-요한계시록

리딩지저스
성경통독
라이트

1권
창세기-여호수아

2권
사사기-에스더

3권
욥기-아가

4권
이사야-말라기

5권
마태복음-로마서

6권
고린도전서-요한계시록